This Notebook Belongs To

____

www.ingramcontent.com/pod-product-compliance
Lightning Source LLC
LaVergne TN
LVHW081601060526
838201LV00054B/2021
* 9 7 8 9 9 0 4 1 7 6 6 7 7 *